Mi primer libro sobre
Lorca

© Del texto: Concha López Narváez, 2012
© De las ilustraciones: Goyo Rodríguez, 2012
© De las poesías: Herederos de Federico García Lorca
© De esta edición: Grupo Anaya, S. A., 2012
Juan Ignacio Luca de Tena, 15. 28027 Madrid
www.anayainfantilyjuvenil.com
e-mail: anayainfantilyjuvenil@anaya.es

Primera edición, enero 2012

ISBN: 978-84-678-2875-7
Depósito legal: M-510-2012

Impreso en Gráficas Muriel, S.A.
C/ Investigación, 9
Polígono Industrial Los Olivos
28906 Getafe (Madrid)
Impreso en España - Printed in Spain

Las normas ortográficas seguidas son las establecidas
por la Real Academia Española en la nueva
Ortografía de la lengua española, publicada en el año 2010.

Mi primer libro sobre
Lorca

Concha López Narváez

Ilustraciones de Goyo Rodríguez

Cuando era pequeña, me gustaba escuchar poesías, sobre todo una que me emocionaba especialmente.

Casi no la comprendía, pero las palabras parecían tener música:

Verde que te quiero verde,
verde viento, verdes ramas.
El barco sobre la mar
y el caballo en la montaña.

El poeta que escribió estos versos se llamaba Federico García Lorca.

Nació el 5 de junio de 1898 en Fuente Vaqueros, muy cerca de Granada, un pueblo blanco y alegre, salpicado de huertas y rodeado de bosques.

A sus espaldas se ven las redondas montañas de Sierra Nevada, que lo vigilan y protegen.

En ese pueblo, Federico fue feliz.

A su familia le gustaba reunirse
y entretenerse con una guitarra,
por eso la música anidó en el alma
de Federico desde los primeros
años de su vida.

Además de la música, también
anidaron en su alma cuentos,
romances y canciones populares...

Lo mejor de vivir en un pueblo eran los amigos y los juegos.

Federico era juguetón y simpático, por eso tenía tantos amigos.

Jugaban en la habitación más alta, con las luces apagadas.

«Allá voy... Auuuuu...», decía Federico, y los niños gritaban y corrían.

Una de sus amigas era muy rubia, con labios rojos y ojos entre dorados y verdes. Tenía dos trenzas largas y siempre llevaba una flor en el pelo.

A Federico le parecía muy guapa, pero sus manos estaban agrietadas de tanto lavar ropa en el río.

Cuando cumplió once años, a Federico le dijeron que tenía que estudiar y aprender a ser un hombre. Pero lo que él quería era ser niño para siempre...

Y para que Federico aprendiera a ser un hombre se fue toda la familia a Granada.

En el colegio, Federico se sentía como un pájaro prisionero que intentaba escapar de su jaula.

A veces, cerraba los ojos y soñaba que era libre.

En Granada, Federico también descubrió la música y la poesía.

«Este niño puede ser un gran pianista», dijo su maestro. Y otro dijo: «Este muchacho puede ser un buen escritor».

Así que Federico, que apenas se concentraba en el estudio, escribía a todas horas.

Sus amigos le pedían que recitara poesías, y los ojos oscuros de Federico brillaban, y sus manos se alzaban en el aire igual que palomas mensajeras.

«Tiene magia», susurraban sus amigos.

A medida que pasaban los años,
el éxito y la fama de Federico crecían
como la espuma.

No solo en Granada, sino en toda
España, y volando por encima de
montañas y océanos, su nombre
llegó a otros países.

Viajó a Norteamérica, Francia, Inglaterra, Cuba, Argentina, Uruguay... Y en todos los países hacía miles de amigos.

Pero el éxito no le cambió. Federico seguía soñando con secar el llanto de los más desgraciados.

Denunciaba con sus poesías las injusticias y abusos, y gritaba y gemía como si las penas de los que no tienen nada fueran sus propias penas.

En el alma de Federico había nidos de tristeza, pero también había nidos de alegría.

En sus poesías encontramos la primavera, la noche y la luna que se asoma por todas partes, la risa y los cantos de los niños:

Cantan los niños
en la noche quieta:
¡arroyo claro,
fuente serena!

Y también la alegría de las cosas pequeñas, como una caracola en la que se oye el mar, o una mariposa del mismo color que los ojos de la amiga de su niñez.

Mariposa del aire
qué hermosa eres,
mariposa del aire
dorada y verde.

Federico soñaba con secar las lágrimas de los más desgraciados, como las que asomaban por los ojos de los lagartos en uno de sus poemas más conocidos:

El lagarto está llorando.
La lagarta está llorando.
El lagarto y la lagarta
con delantalitos blancos.

Han perdido sin querer
su anillo de desposados.
¡Ay, su anillito de plomo,
ay, su anillito plomado!

El sueño de Federico era mejorar la vida de los que menos tenían, y sabía que con cultura e inteligencia esto sería posible.

Era un hermoso sueño. Pero sus sueños se los llevó el viento, y a él con ellos.

Una madrugada de verano, bajo las últimas estrellas, Federico se fue para siempre.

Pero no, no quiero acabar con lágrimas, ni tampoco con sonrisas.

Lo haremos igual que comenzamos, con versos para sentir, con versos que tienen música:

Verde que te quiero verde,
verde viento, verdes ramas.
El barco sobre la mar
y el caballo en la montaña.